NOTICE

SUR

M. HENRI-NICOLAS BELLETESTE

Décédé à Lorris, le 17 mai 1808, à l'âge de trente ans

PAR

M. l'Abbé BERNOIS

VICAIRE DE LORRIS

ORLÉANS
IMPRIMERIE DE GEORGES JACOB
CLOITRE SAINT-ÉTIENNE, 4

1883

NOTICE

SUR

M. HENRI-NICOLAS BELLETESTE

Un historien latin a dit de son siècle : *Incuriosa suorum ætas.* Le nôtre, certainement, ne mérite pas ce reproche que Tacite adressait à ses contemporains. Loin de nous montrer indifférents à l'égard de ceux qui ne sont plus, nous avons le culte de nos illustres défunts. Avec une piété poussée jusqu'au scrupule, nous recueillons leurs actes, leurs écrits, leurs lettres, leurs paroles, jusqu'aux moindres débris dans lesquels ils ont laissé quelque chose de leur âme.

> Objets inanimés, avez-vous donc une âme
> Qui s'attache à notre âme et la force d'aimer?

A l'aide de ces traces et de ces souvenirs, notre amour et notre admiration s'empressent de leur faire une existence nouvelle.

Il semble cependant que la ville de Lorris aurait dû depuis longtemps payer à la mémoire de M. Nicolas Belleteste le tribut de reconnaissance qu'elle doit à un compatriote distingué et à un ami fidèle. Me faisant aujourd'hui l'interprète de sa pensée, il m'a fallu réunir les éléments d'une notice destinée à résumer une vie à la fois trop courte et si bien remplie. Malgré mes efforts, le voile que la modestie de ce jeune homme a jeté sur ses actions les dérobe encore pour la plupart à notre connaissance. Néanmoins, en le louant principalement pour ce qu'il a été, nous le montrerons dans toute la simplicité de sa vie ; ses travaux et ses services parleront assez d'eux-mêmes, et son souvenir demande non un panégyriste, mais un historien.

Henri Nicolas Belleteste, est né à Orléans, le 14 janvier 1778. Son père honorait dans cette ville, par sa religion et sa probité, les fonctions d'avocat et de procureur. La famille intelligente, laborieuse, et surtout chrétienne qui lui donna le jour, et à laquelle il est demeuré tendrement attaché, était originaire de Pithiviers. Un de ses membres s'y est consacré avec une ardeur infatigable au soulagement de ses concitoyens malheureux. A chaque instant, on le voyait porter aux vieillards, aux délaissés, aux orphelins le pain qui nourrit le corps, en même temps qu'il prodiguait les encouragements qui font renaître dans les âmes ulcérées l'espérance et la vertu. Le froid de l'hiver, la chaleur de l'été, les obstacles de toutes sortes, rien ne pouvait l'empêcher de visiter souvent les réduits de la misère et du deuil; pendant un mois entier surtout, au moment où la famine sévissait avec une extrême violence, il fut pour les pauvres de Pithiviers un ami, une providence et un père. Aussi, en souvenir de cette vive générosité, et en reconnaissance de la charité de ce fidèle ami de l'humanité souffrante, la ville a toujours eu pour ses descendants les convenances et les égards dus au dévoûment et à la bienveillance. Lorsque le père de celui dont nous esquissons le portrait revint du collège, après avoir terminé ses études en 1765, il alla entendre l'office dans l'église de Saint-Salomon. Comme il s'était placé sur un siège ordinaire, le doyen du chapitre l'envoya chercher pour l'installer dans un banc que l'église avait conservé à la famille. La probité de cet homme était si généralement reconnue qu'il était passé en proverbe de dire, pour louer quelqu'un de l'honnêteté la plus scrupuleuse : « Il est honnête comme le grand Nicolas. » On s'est rappelé longtemps aussi de quelle célébrité a joui le médecin M. Belleteste, qui ne dut dans cette ville sa réputation qu'à ses rares talents et à ses admirables qualités. Tous les hommes habiles dans l'art ont respecté sa mémoire, et c'est pénétré de ces vifs sentiments que M. Boyer, médecin de l'Empereur Napoléon Ier, voulut traiter gratuitement Henri Nicolas Belleteste des blessures qu'il avait reçues pendant la campagne d'Égypte.

Les premières années de Nicolas Belleteste se passèrent sous la direction de la tendresse et de la piété maternelle. Peut-il en être une meilleure pour un tout jeune enfant? Quand il eut, à cette douce école, appris à lire, et à écrire et reçu les premières impressions de la vertu, il fut envoyé au petit Séminaire de Meung-sur-Loire ; là il commença ses études pour les terminer au collège d'Orléans. C'est là qu'il connut pour professeurs M. l'abbé Desjardins, M. l'abbé Landais et tant d'autres. Parmi les qualités diverses dont les grands écrivains de l'antiquité et du siècle de Louis XIV lui offraient le modèle, c'est à la délicieuse harmonie de Racine, aux vifs sentiments de Virgile et surtout à la gracieuse raillerie d'Horace, que notre jeune littérateur s'attacha de préférence. A quinze ans il avait fini ses humanités. Dès sa plus tendre jeunesse, il se fit toujours remarquer par une douceur de caractère inaltérable qui, jointe à sa modestie sincère, lui firent pardonner par ses condisciples les succès constants qu'il obtint dans ses classes. Il ne gagna pas seulement l'estime profonde et la tendre affection de ses supérieurs et de ses amis ; il réussit du premier coup à captiver le cœur de ceux qui l'ont connu. Tous l'ont toujours chéri à cause de ses mœurs aimables et de sa belle intelligence ; tous, assurément, en apprenant sa mort, ont versé des pleurs sur des espérances si bien réalisées, mais sitôt détruites.

On touchait à la fatale année de 1793. C'était l'époque de la tourmente révolutionnaire où l'esprit français brisait toutes ses lois et s'affranchissait de toute méthode. C'était le temps aussi où l'enseignement de la religion, de la philosophie, des belles-lettres perdait dans notre pauvre pays la puissante organisation qu'il y avait si longtemps possédée, où toutes les vertus étaient comprimées, où la pitié même n'osait plus faire entendre sa voix.

Lorsque Nicolas quitta le collège en cette année, son frère l'engagea à étudier la médecine. Ses progrès dans cette science furent assez rapides, pour qu'en moins de six mois il fût reçu en qualité d'élève à l'École de santé. Quelque flatteuse que fût à ses yeux la légitime espérance de remplacer un de ses oncles dans la capitale, le spectacle perpétuel de l'humanité affligée déchirait cette âme douce et tendre ; il lutta longtemps contre sa répugnance, mais enfin la nature l'emporta, et sa rare aptitude pour les connaissances humaines, ses goûts sérieux le déterminèrent à se consacrer à l'étude de l'histoire et des langues orientales. A dix-sept ans il était admis à l'école. C'est là qu'il eut pour professeurs les Sylvestre de Sacy, les Étienne Quatremère, qui, par l'impulsion active donnée à ces études, purent avec juste titre rivaliser avec nos érudits d'autrefois, les Bochard, les Louis Cappel, les Richard Simon. Il eut aussi pour condisciples et amis Armand Caussin de Perceval, l'interprète consommé et dans la suite l'éminent professeur au collège de France ; M. Reynaud, qui succéda à M. de Sacy, dans la chaire d'arabe littéral ; Raige de Montargis, etc. Il étonnait les uns et les autres par une égale facilité à exceller dans la sphère de l'histoire et de la linguistique, et en quelques années il apprit l'arabe, le turc et le persan. Aussi, à l'âge de vingt-ans, fut-il désigné, comme interprète auprès du gouvernement, pour faire partie de l'expédition d'Égypte. Laissons-le désormais nous raconter d'après sa correspondance toutes les circonstances de sa vie, et voyons aussi l'intérêt que prenait de lui le célèbre ministre des affaires extérieures, M. de Talleyrand de Périgord. Le 6 germinal, an VI de la république, il quitte Paris pour se rendre à Marseille, et là il doit s'embarquer pour Constantinople.

« Sur le compte qui m'a été rendu, citoyen, lui
« écrit le ministre, des progrès que vous avez faits
« dans les langues orientales, d'après lesquels vous
« avez été jugé digne d'être employé dans le drog-
« manat du Levant, j'ai pris en considération vos
« instances à cet égard et je me suis déterminé à
« vous faire passer à Constantinople, pour y être mis

« à la disposition de notre ambassadeur, qui sera
« chargé de vous placer de la manière la plus con-
« venable au service de la république.

« Salut et fraternité.

« Charles-Maurice Talleyrand. »

Arrivé à Marseille, la destination est changée. Le citoyen Nicolas reçoit l'ordre de partir immédiatement pour Toulon. Après un mois de séjour dans cette ville, pendant lequel on s'occupe avec beaucoup d'activité des préparatifs pour une expédition maritime et secrète, M. Venture lui fait connaître la mission qu'il doit remplir dans l'armée d'Égypte, et le fait inscrire sur les états de la commission des sciences et arts comme membre de la 2ᵉ classe.

A cette époque, son père demeurait à Lorris depuis plusieurs années déjà, et exerçait les fonctions de notaire dans cette ville. Voici la lettre qu'il lui écrit à ce sujet

Toulon, 24 germinal an VI.

« Mon cher père, nous touchons au moment du
« départ. Déjà la plus grande partie des troupes est à
« bord des vaisseaux ; nous-mêmes avons reçu l'ordre
« de nous embarquer aujourd'hui. Nous sommes sur la
« frégate la *Justice*, qui passe pour la meilleure voi-
« lière de l'escadre. Tous les savants et artistes sont

« repartis sur différents vaisseaux ; on les a assimilés
« pour le traitement aux divers officiers et on les a
« partagés en trois classes : officiers supérieurs,
« subalternes et sous-officiers. C'est dans la deuxième
« classe de savants et sous la direction du général
« Caffarelli du Falga que nous nous trouvons. Parmi
« ces savants et artistes, dont la plupart sont des
« jeunes gens, j'ai fait la rencontre très agréable de
« plusieurs d'entre eux que j'avais vus à Paris et fait
« la connaissance de beaucoup d'autres. Le général
« Bonaparte commande l'expédition et a fixé le départ
« à trois ou quatre jours. »

Bonaparte partit en effet de Toulon, le 19 juin (30 flor.), rallia les vaisseaux équipés dans les ports de l'Italie et cingla droit à Malte, où il demanda que la flotte fût admise dans le port. Sur le refus du grand-maître Hompesch, on commença le bombardement de la ville, qui se rendit après quelques volées de coups de canon. Cependant les fortifications de Malte et celles du port n'eussent pu être forcées, si elles eussent été défendues. Lorsque le général Caffarelli les visita à l'intérieur, il dit à Bonaparte : « Nous
« sommes heureux d'avoir trouvé ici quelqu'un pour
« nous ouvrir les portes. »

Bonaparte ne s'arrêta pas longtemps à Malte. Il y laissa trois mille hommes sous le général Vaubois, organisa des milices pour défendre les côtes, puis remit à la voile le 23 juin, pressé d'échapper aux poursuites des Anglais. Il fit voile vers l'Égypte et débarqua le 1ᵉʳ juillet à l'anse du Marabout. Cinq ou six lieues le séparaient d'Alexandrie. Il marcha la nuit même pour la surprendre. Il s'en empara par un coup de main et laissa Kléber, qui était blessé, pour commander et exécuter quelques travaux de fortifications. Nicolas Belleteste, ainsi que la plupart des savants, restèrent dans cette ville pendant vingt-cinq jours. C'est dans cet intervalle de temps qu'ils apprirent la prise du Caire. Ils séjournèrent quelques jours seulement à Rosette. « A quatre heures du soir, le « 14 thermidor, au moment où nous examinions la « position de notre flotte dans la rade d'Aboukir, « nous aperçûmes dans le lointain plusieurs voiles « anglaises et bientôt nous entendîmes une vive ca- « nonnade ; le lendemain, nouvelle lutte, des faux « bruits circulaient, qui n'ont pas tardé à être « démentis. Nous n'avions que trop la certitude du « désastre de l'escadre française. L'*Orient* et l'*Arthé-* « *mise* ont sauté, onze vaisseaux et une frégate sont « tombés au pouvoir de l'ennemi. Le *Guerrier* le « *Généreux*, la *Justice* et la *Diana* lui ont seuls « échappé. »

« Le 26 fructidor, écrit-il dans son journal, nous « arrivions au Caire et nous fûmes logés chez Sitti- « Mahissa, la femme de Mourad-Bey. Le général Caffa- « relli, qui précédemment avait chargé les savants

« placés sous son ordre de la rédaction du catalogue
« et du classement des livres de la bibliothèque na-
« tionale, les fit tous appeler pour discuter sur la
« meilleure méthode à suivre pour la rédaction d'un
« vocabulaire arabe à l'usage de l'armée. Il exigeait
« surtout la plus grande clarté. Ce travail dura un
« mois. »

Au commencement de vendémiaire an VII, pendant que le général Bonaparte repoussait de toutes les parties de l'Égypte Mourad-Bey et ses mamelucks, l'administration des finances était organisée. Sous la direction du citoyen Poussielgue, Raige, Delaporte et Belleteste furent chargés de traduire et mettre en ordre les registres des revenus de la contrée. On leur enjoignit à chacun des écrivains cophtes, qui jusqu'alors avaient été les seuls initiés à l'administration des finances et qui seuls pouvaient déchiffrer l'écriture adoptée pour la tenue des livres.

Essayons de redire quel fut l'étonnement de Nicolas Belleteste en mettant le pied sur un autre continent.

« Mon cher Parisien, écrit-il à un de ses amis,
« quelle révolution est faite en moi et autour de moi
« depuis notre séparation ? Tout porte ici le caractère
« d'une nouveauté frappante, qualités du climat,
« nature du sol, mœurs des habitants, tout contrarie
« les usages et les idées généralement reçues en
« Europe. Je crois presque vivre dans une autre pla-
« nète. Je ne reçois de nouvelles, ni de vous, ni de

« mes bons parents, ni de mes autres amis. Je reviens
« en ce moment des pyramides de Gizeh et de Sak-
« karah que j'ai visitées pour la troisième fois. »

Depuis que le général Bonaparte avait projeté la campagne de Syrie, il avait demandé que deux interprètes l'accompagnassent dans son voyage. M. Jaubert, particulièrement attaché à M. Venture, fut désigné de droit. Belleteste fut ensuite choisi pour se rendre auprès du général en chef. Il dut rester avec Venture jusqu'à l'arrivée de l'armée devant Jaffa. Après la prise de cette ville, une maladie pestilentielle se manifesta parmi les soldats. Le général Kléber se vit enlever son interprète, un jeune homme de grande expérience et qu'il affectionnait beaucoup. A la sollicitation du général, Nicolas Belleteste fut admis à le remplacer dans cette fonction. « Dès lors, écrit-il à ses parents
« (3 messidor an VII), je l'accompagnai partout, tou-
« jours à ses côtés. Je partageai pendant toute la
« campagne ses fatigues et ses dangers. Je ne sau-
« rais d'ailleurs trop me louer des bontés et des
« égards qu'il n'a cessé de me prodiguer. »

Notre jeune compatriote a donc pris part sous le général Kléber aux victoires remportées à Jaffa, à Caiffa, à Saint-Jean-d'Acre, à Nazareth et au mont Thabor.

Après la mémorable journée d'Aboukir, Bonaparte, connaissant la situation malheureuse de la France et jugeant qu'il n'avait plus rien à faire en Orient, laissa des instructions écrites pour Kléber, auquel il confiait le commandement de la colonie, mais qu'il évita de voir, et mit à la voile pour l'Europe, accompagné seulement de ses plus fidèles amis.

L'armée apprit ce départ avec consternation. Elle se crut abandonnée et trahie, elle s'emporta en injures passionnées et demanda à revoir à tout prix le sol de sa patrie. Kléber s'associa le premier à ces plaintes, au lieu de les calmer, et signa la convention d'El-Arisch, qu'heureusement il déchira bientôt après. Les Anglais voulaient le forcer à se rendre. Il avait déja livré ses forts, rappelé ses troupes de la Haute-Égypte et exécuté une partie du traité. Il contremanda tous ses ordres, et fit afficher la lettre de lord Keith avec ces mots : « On ne répond à de telles insolences que par « des victoires ; soldats, préparez-vous à combattre. » Ce fut le commencement d'une nouvelle campagne. L'évènement a justifié la prédiction, et la victoire éclatante d'Héliopolis a vengé à la fois nos soldats des traîtres Anglais et des lâches Osmanlis. « Et moi
« aussi, écrit encore Nicolas Belleteste à son ami
« Jaubert, un des rares que Bonaparte amena en
« Europe, et moi aussi j'ai pris une part active et
« même passive à ces événements militaires. J'y ai
« gagné deux coups de sabre sur la tête, combattant
« aux côtés du général Kléber, dans une charge de
« cavalerie à Korain, trop heureux de n'y avoir pas
« laissé ma personne entière. »

Il semble que la fortune ait voulu épuiser à la fois

contre le jeune interprète tous ses traits et toutes ses rigueurs. Son protecteur et son ami, le général Kléber, est indignement massacré. Menou qui le remplace ne ménage pas au soldat blessé, qui a toujours courageusement rempli son devoir, les ennuis et les difficultés. A peine s'il lui permet de revenir en France embrasser ses chers parents et se consoler au milieu d'eux. Nicolas Belleteste fut donc un soldat dévoué et un habile interprète qui, pendant toute la campagne, rendit les plus éminents services. Du reste son éloge est tout entier dans les lettres suivantes, qui sont le plus beau monument élevé à sa mémoire.

Damas, général de division, chef de l'état-major général, certifie :

« Que le citoyen Belleteste, membre de la com-
« mission des sciences et arts en Égypte, a été
« employé près du général en chef Kléber en qua-
« lité de secrétaire interprète, depuis le 6 ventose an
« VII, jusqu'au 26 prairial an VIII, époque de la mort
« de ce général, et qu'il est à ma connaissance que le
« général Kléber a été parfaitement satisfait des ser-
« vices du citoyen Belleteste pendant qu'il a rempli
« cet emploi.

« Damas. »

Depuis qu'il est arrivé à Marseille, et qu'il est établi au Lazareth pour se reposer, « depuis, dit-il, que je

« respire l'air délicieux de ce pays bien aimé, le souve-
« nir de tant de peines et de chagrin s'est effacé de
« ma mémoire ; je crois jouir d'une existence nou-
« velle ; il ne me manque plus que de recevoir les em-
« brassements de mes parents et de mes amis, parmi
« lesquels je m'estime heureux de vous compter. »

Après avoir pris le repos nécessaire pour réparer ses forces abattues, Nicolas Belleteste fut associé avec son intime ami, le citoyen Jaubert, au ministère des langues orientales. Pour le récompenser de cette rare aptitude qu'il avait pour les langues et en même temps des services qu'il avait rendus en Égypte, Talleyrand, alors ministre des relations extérieures, voulut se l'attacher et lui attribuer un traitement annuel de deux mille francs avec le titre d'adjoint au secrétaire interprète du gouvernement.

« Vous me trouverez d'ailleurs très disposé, lui
« écrit-il, 19 pluviose an X, à vous procurer de
« l'avancement aussitôt que vous vous serez mis en
« état de rendre de nouveaux services.

« Je vous salue,
« Charles-Maurice Talleyrand. »

Il continua cette charge jusqu'au commencement de l'année 1808, époque où il dut, à cause de sa santé très affaiblie, se retirer à Lorris au sein de sa famille, et cesser toute œuvre intellectuelle et attachante.

Il a laissé à la postérité un *Traité de minéralogie* traduit de l'arabe, un ouvrage de morale et de politique intitulé les *Quarante Vizirs*, sans parler des nombreux mémoires sur les mœurs de l'Égypte et de la Syrie. Le gouvernement l'avait chargé d'une histoire de l'Orient, destinée à faire connaître aux peuples de cette contrée leurs triomphes, et le caractère de leurs chefs. Mais la mort ne lui a pas permis de réaliser son dessein. Il succomba, jeune encore, à la maladie inflammatoire dont il était atteint. Il n'avait que trente ans. Napoléon Ier demanda dans le *Moniteur* une notice sur le jeune orientaliste. Tel est l'extrait qui en est parvenu à notre connaissance.

« M. Belleteste, né à Orléans, interprète du gou-
« vernement pour les langues orientales, a été enlevé
« à l'âge de trente ans, le 17 de ce mois. Il partit,
« il y a dix ans, pour l'expédition d'Égypte, en qua-
« lité de membre de la commission des sciences et
« et des arts, à laquelle il a rendu d'éminents ser-
« vices. Son courage égalait ses connaissances ; son
« dévouement désintéressé l'exposa à recevoir, à côté
« d'un général célèbre, deux graves blessures à la
« tête qui le laissèrent pour mort sur le champ de
« bataille. Rentré dans sa patrie, il consacra ses loi-
« sirs à deux ouvrages importants : le premier est la
« traduction d'un ouvrage arabe sur la minéralogie ;
« le second est intitulé les *Quarante Vizirs*. Parmi

« ceux qui ont connu ce jeune savant, les âmes
« pures et élevées qui estiment encore plus les belles
« qualités et les vertus que les connaissances diffi-
« ciles à acquérir, après avoir donné des larmes à sa
« perte, conserveront un sentiment tendre et respec-
« tueux pour sa mémoire.

« L. Raige.
« Membre de la Commission d'Égypte, interprète. »

Pour conserver son souvenir, ses parents ont gravé sur sa tombe ces quelques paroles qui montrent bien en effet ce qu'il fut pour lui-même et à leur égard :
« A la mémoire de Henri Nicolas Belleteste, né à
« Orléans le 14 janvier 1778, secrétaire interprète du
« gouvernement pour les langues orientales, et l'un des
« membres de la commission des sciences et arts de
« l'Égypte, décédé à Lorris, le 17 mai 1808, à la fleur
« de l'âge, dans le sein d'une famille qui l'adorait. Il
« était recommandable par ses talents et par ses ver-
« tus et par son courage. A la bataille de Koraïn, il
« reçut deux blessures à côté du général en chef Klé-
« ber. Savant modeste, bon fils et bon frère, ami fidèle
« et généreux, il a laissé un souvenir qui ne s'éteindra
« pas. Priez Dieu pour le repos de son âme. »

Dans sa poétique odyssée de Child-Harold, lord Byron s'arrêta un moment sur les bords du Rhin devant le monument d'un jeune général, et lui, qui venait de consoler le captif de Sainte-Hélène, versa des pleurs et recommanda au ciel l'âme du célèbre et infortuné Marceau. Nous aussi, en visitant dans le cimetière de Lorris la tombe du jeune Belleteste, nous nous écrierons :

> Elle fut courte, hélas ! mais belle, sa carrière ;
> Son noble souvenir brille comme un flambeau.
> Le passant qui s'arrête au pied de son tombeau
> Ne s'éloigne jamais sans dire une prière.

Pour résumer son éloge, voilà ce que nous ajouterons encore : son caractère était peint sur sa figure douce et noble ; il était humain, désintéressé envers ses inférieurs ; sa tendresse pour ses parents, son dévouement absolu pour ses amis, et ses belles qualités semblaient toutes dues à une heureuse nature ; jamais il n'entra en lâche composition avec ses principes ; toujours il agit sans éclat et sans ostentation parce qu'il était sans crainte et de lui et des autres. Il avait ce ton décent qui annonce la bonne éducation et cette exquise délicatesse de caractère qui, en épurant les mœurs, élève les passions à la hauteur des vertus.

Requiescat in pace.

www.ingramcontent.com/pod-product-compliance
Lightning Source LLC
Chambersburg PA
CBHW061530040426
42450CB00008B/1867